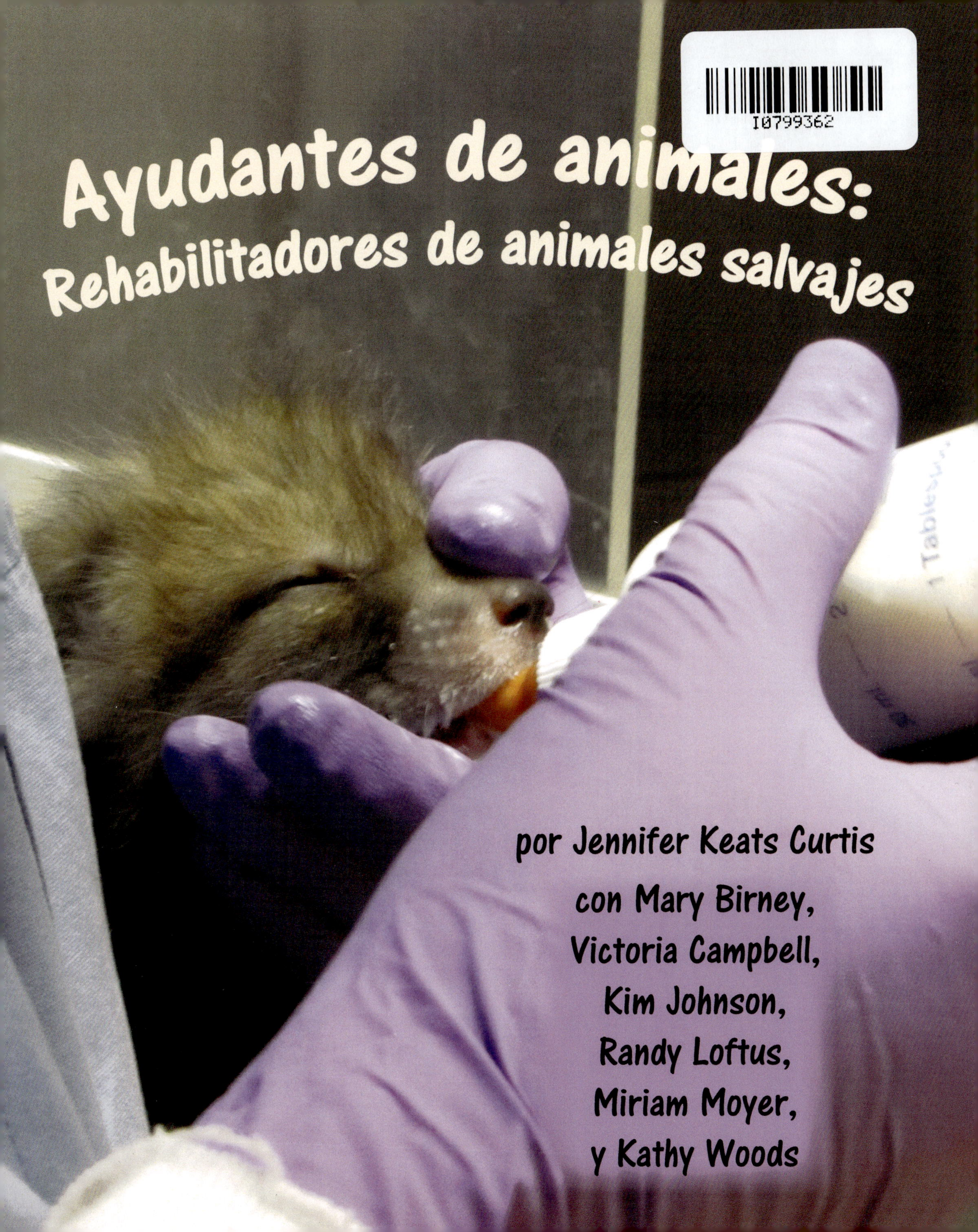

Ayudantes de animales: Rehabilitadores de animales salvajes

por Jennifer Keats Curtis

con Mary Birney, Victoria Campbell, Kim Johnson, Randy Loftus, Miriam Moyer, y Kathy Woods

Los expertos que cuidan a los animales salvajes que están enfermos, mal heridos, o huérfanos se llaman rehabilitadores de animales salvajes.

Son algo más que "niñeras" de los animales.

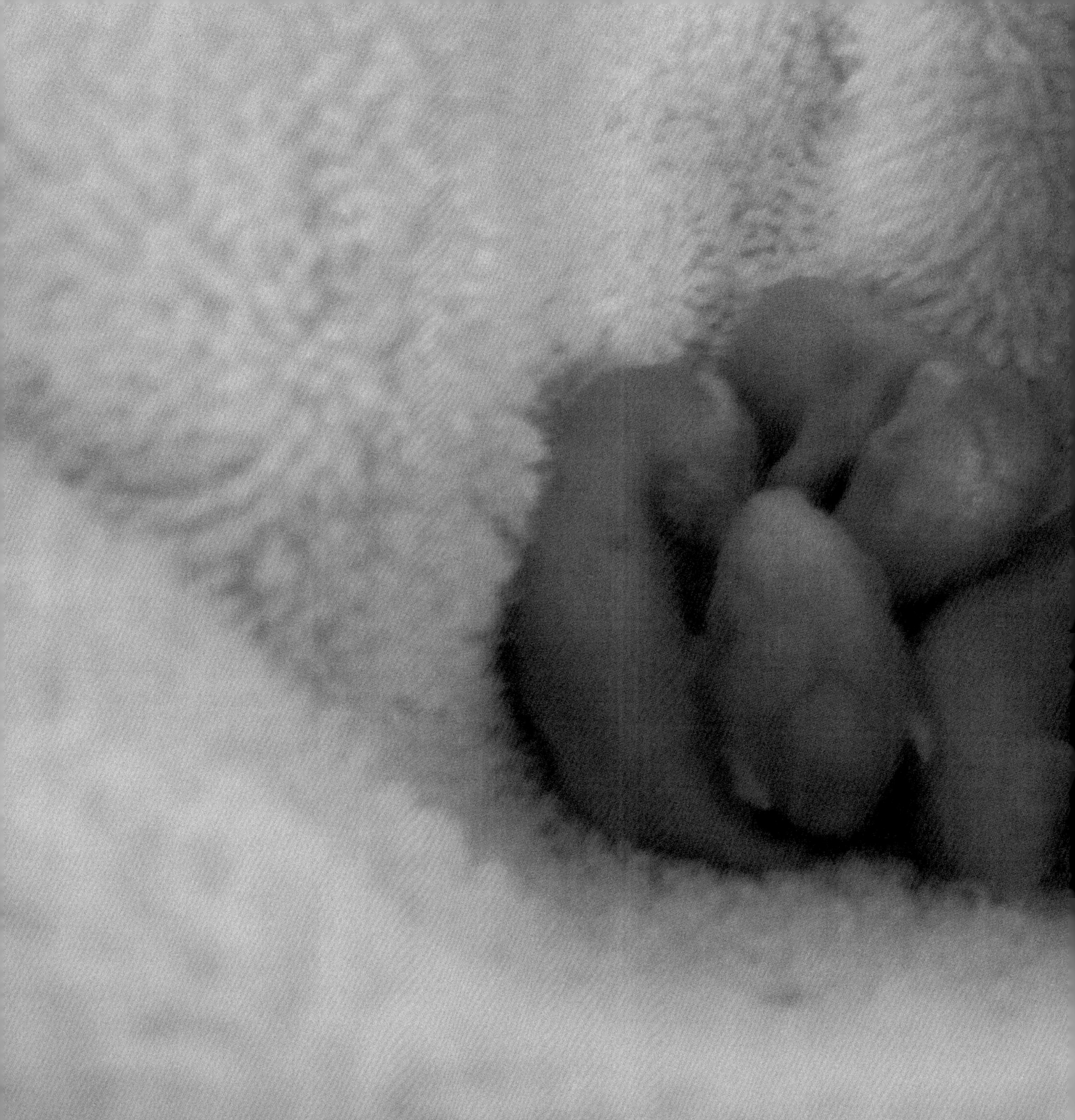

Los rehabilitadores alimentan y cuidan a los animales bebés que están huérfanos, como estos bebés zarigüeyas, hasta que están lo suficientemente grandes para sobrevivir por sí mismos.

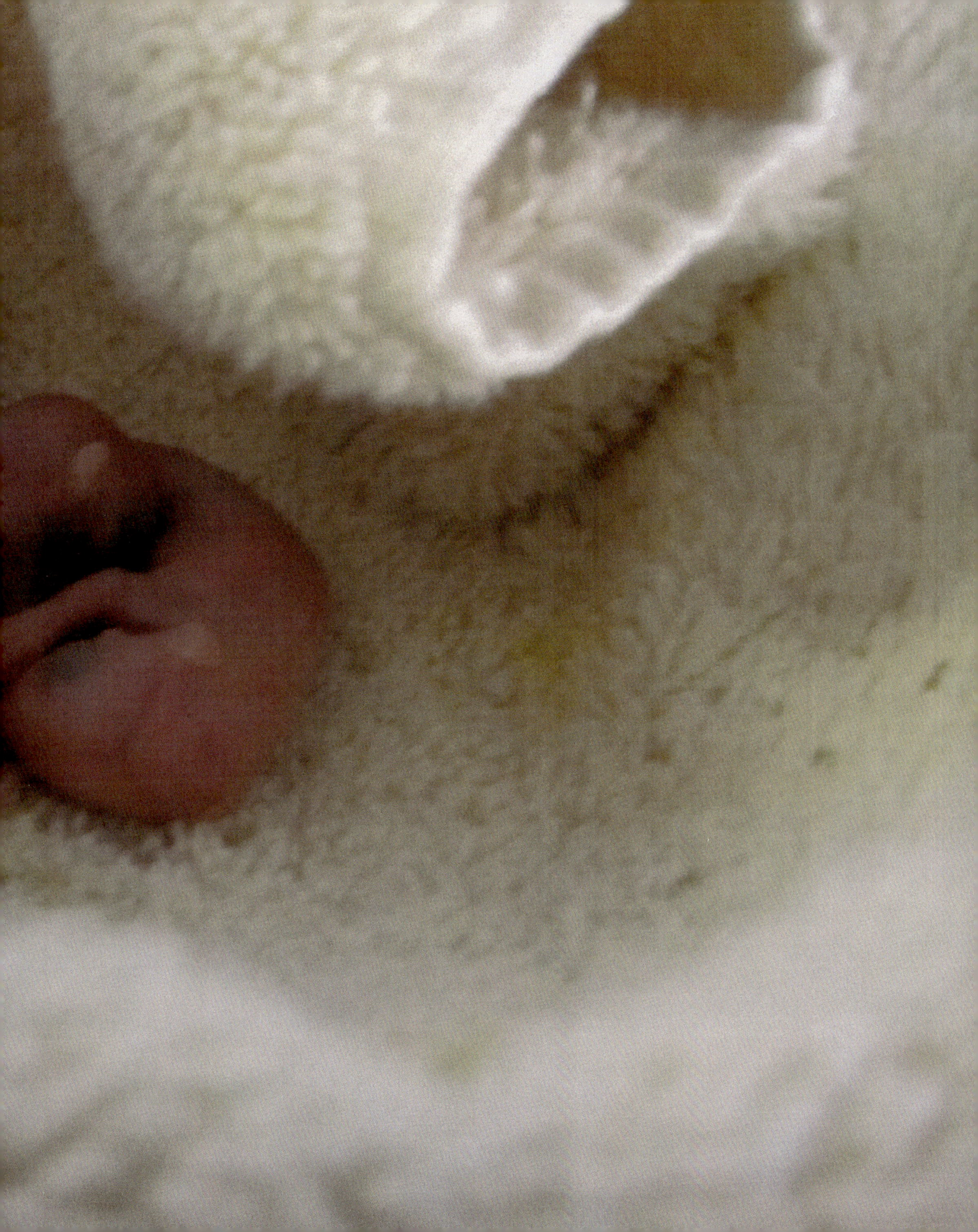

Los mamíferos jóvenes, como este mapache, beben una leche especial en un biberón.

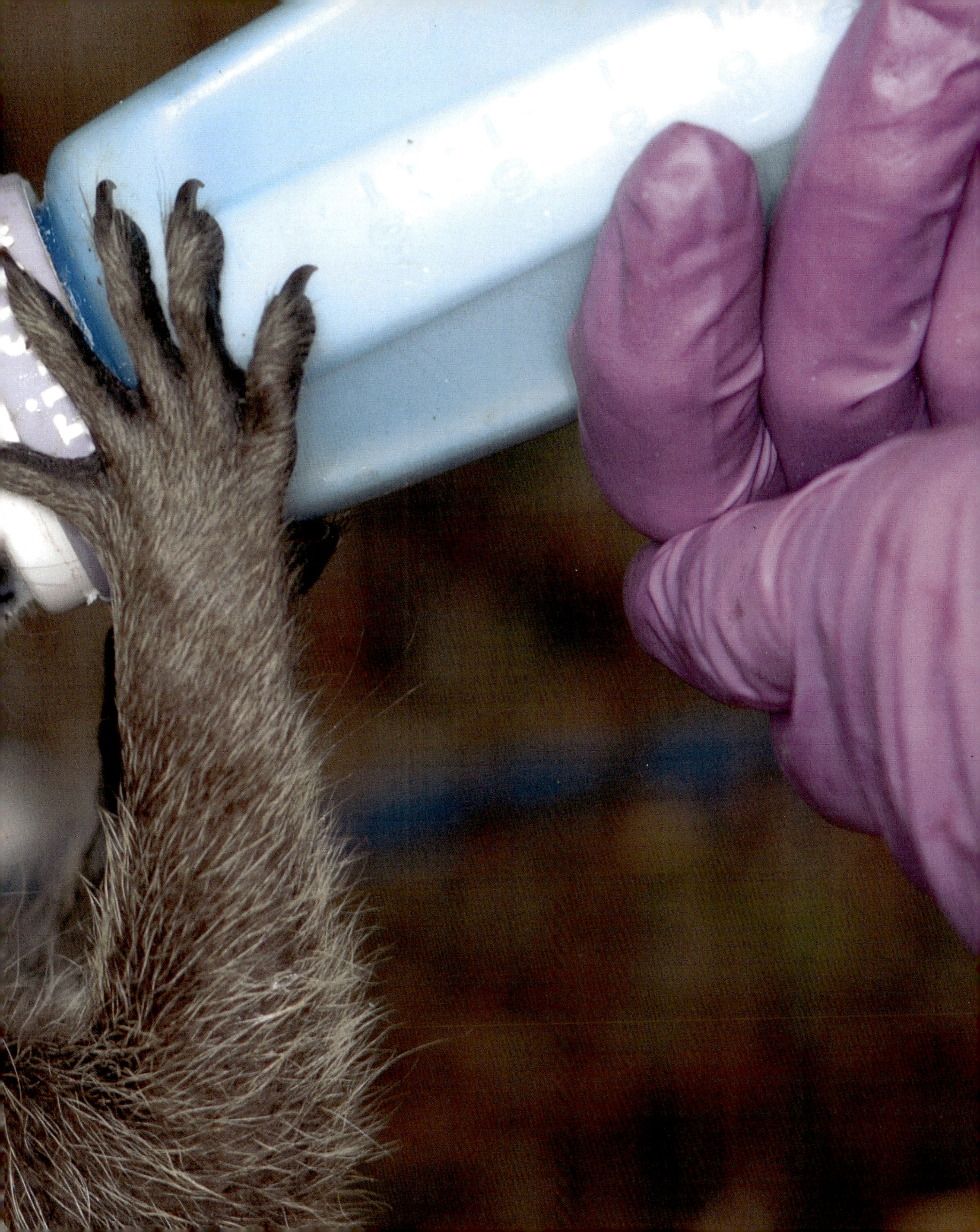

Los rehabilitadores dan de comer a los animales que están a su cuidado el mismo tipo de comida que comerían si estuvieran libres. Ellos tratan de alimentar a los animales bebés como los padres les darían de comer a sus crías.

Se utilizan unas pinzas en forma de pico para dar de comer la mitad de un arándano a esta pequeña ave del paraíso.

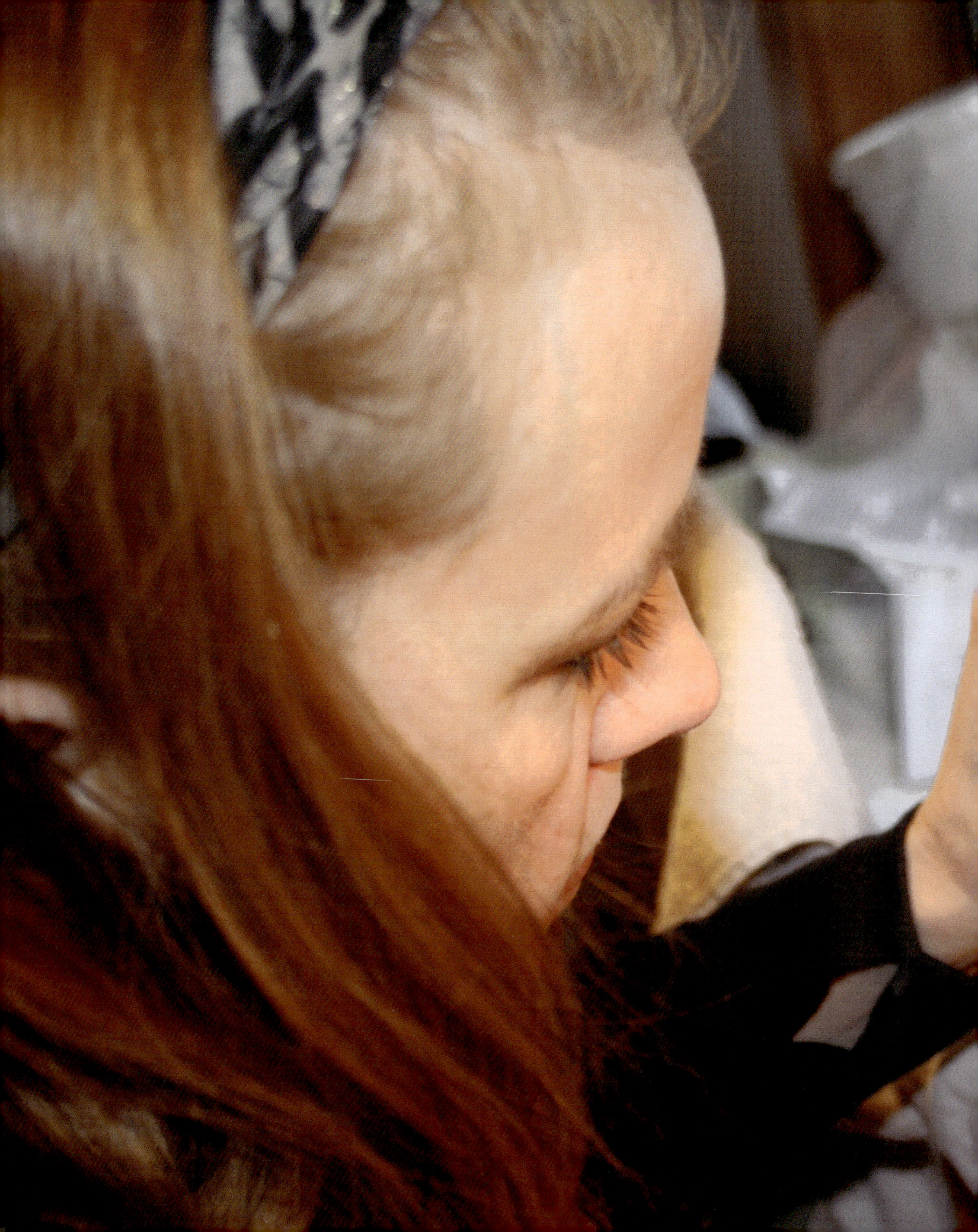

Al igual que un doctor o una enfermera, los rehabilitadores dan medicina a los animales que están enfermos o lastimados.

A esta paloma huilota le dan su medicina a través de un gotero.

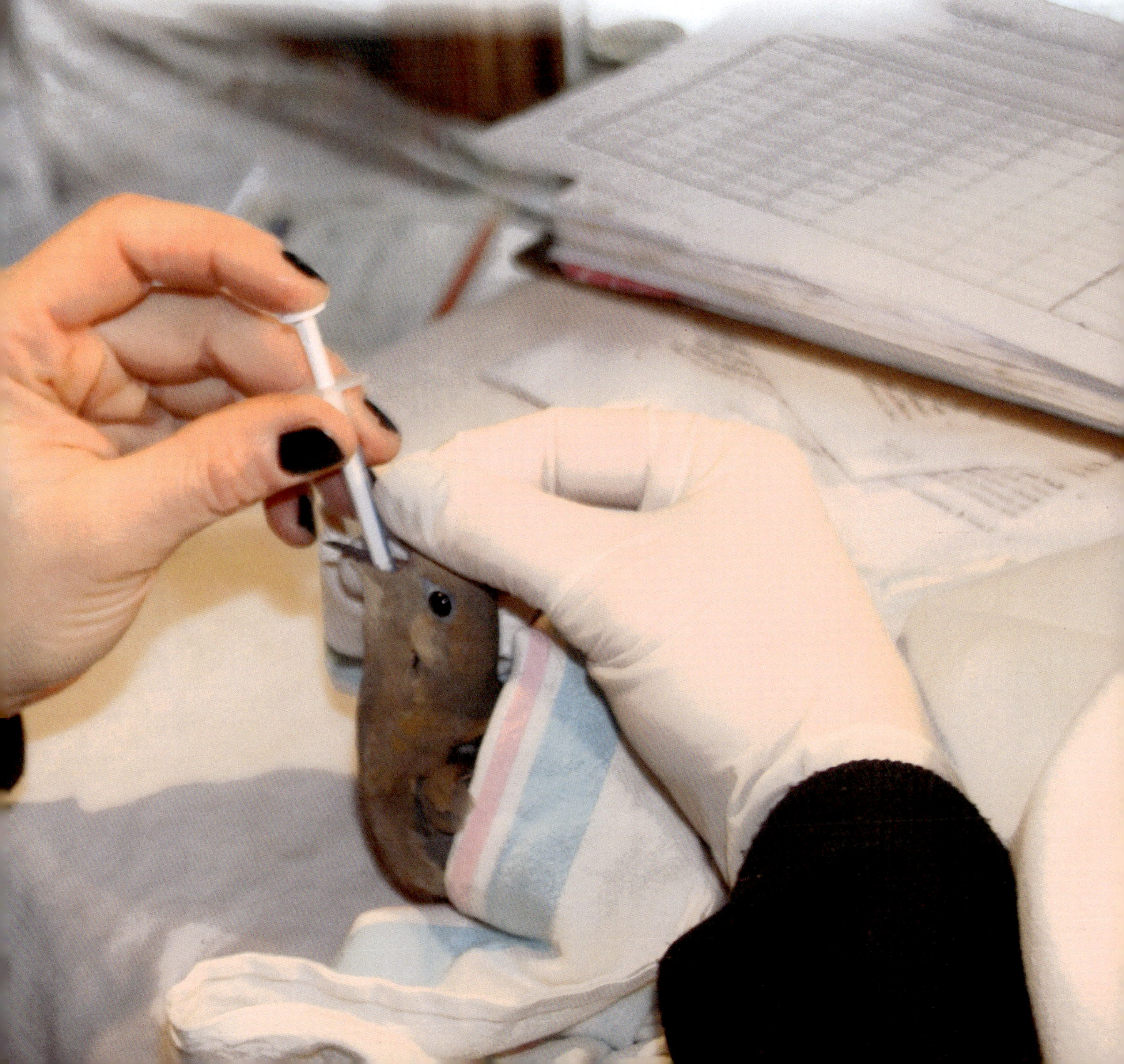

Los rehabilitadores construyen refugios seguros para los animales—una casita en una caja de pañuelos de papel para estas zarigüeyas . . .

. . . un corral para
estos cervatillos . . .

. . . una jaula para un gato montés y ¡hasta una caja para un conejo!

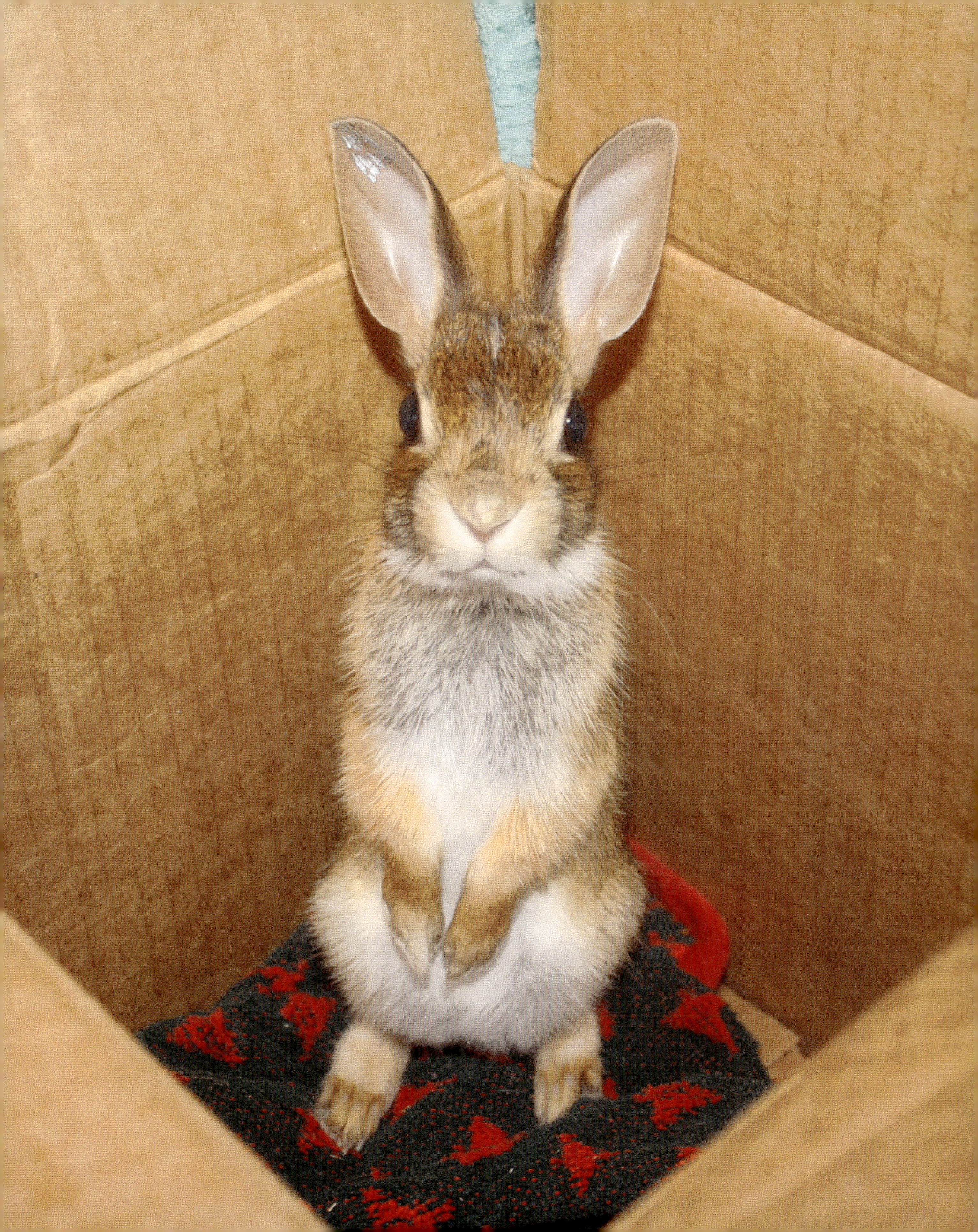

Tal y como los bomberos y los paramédicos, los rehabilitadores rescatan a los animales que han sido lastimados o atrapados. Estos biólogos están rescatando a una águila pescadora enredada en un sedal.

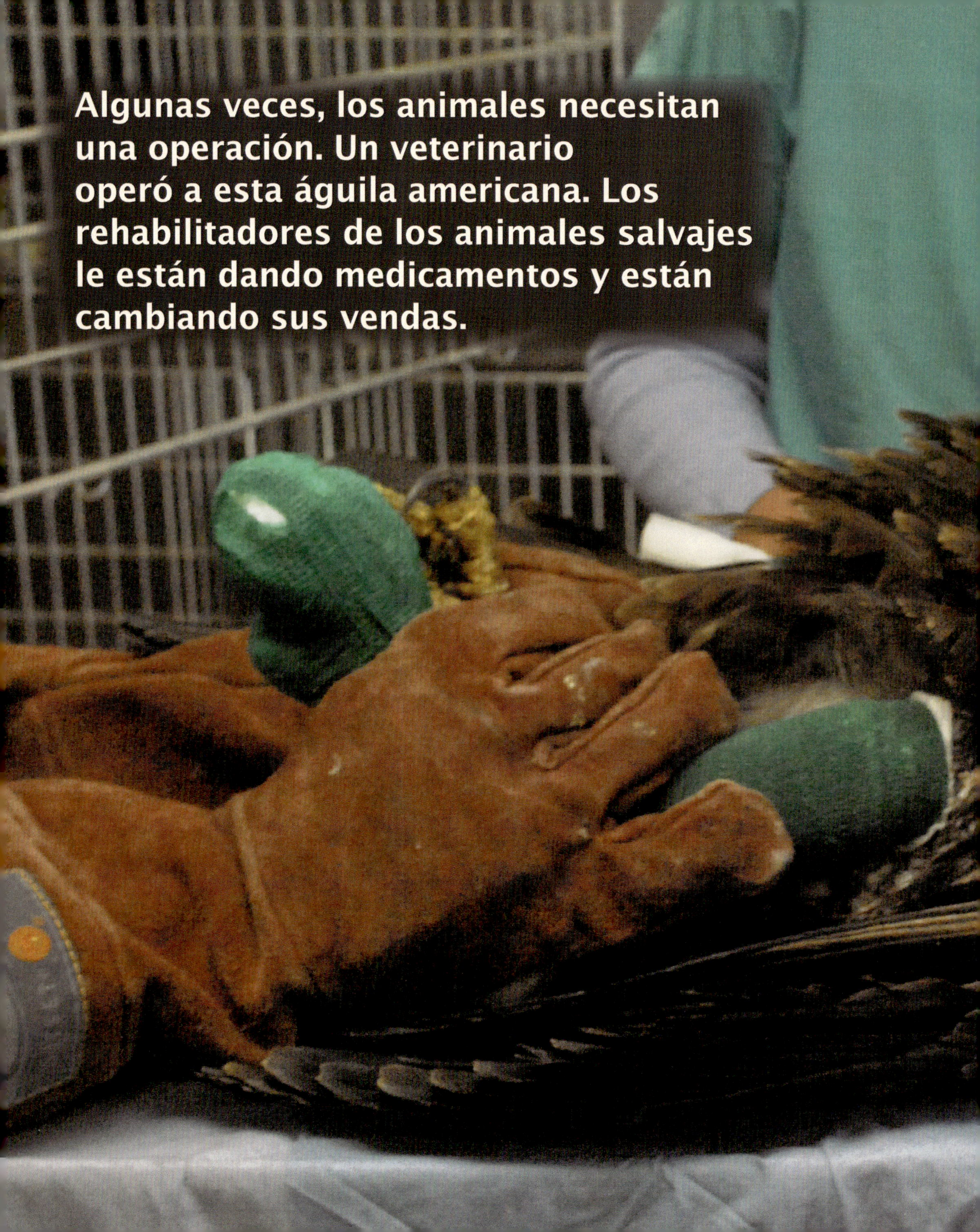

Algunas veces, los animales necesitan una operación. Un veterinario operó a esta águila americana. Los rehabilitadores de los animales salvajes le están dando medicamentos y están cambiando sus vendas.

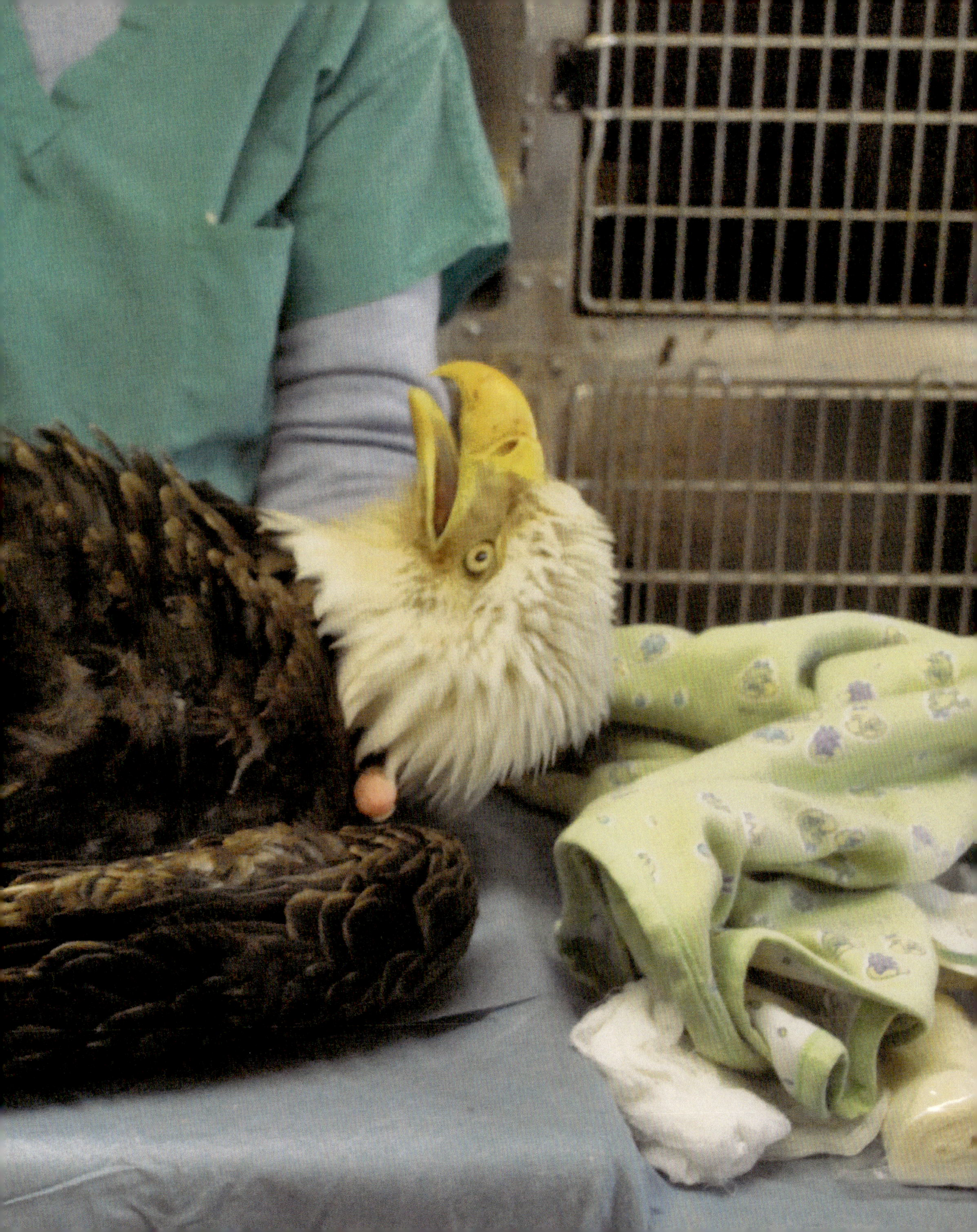

Los rehabilitadores también arreglan caparazones partidos, enyesan huesos rotos, y reparan alas que están dañadas.

Los rehabilitadores también son maestros. Ellos explican la mejor forma para ayudar a un animal salvaje en necesidad y educan a las personas acerca de los animales.

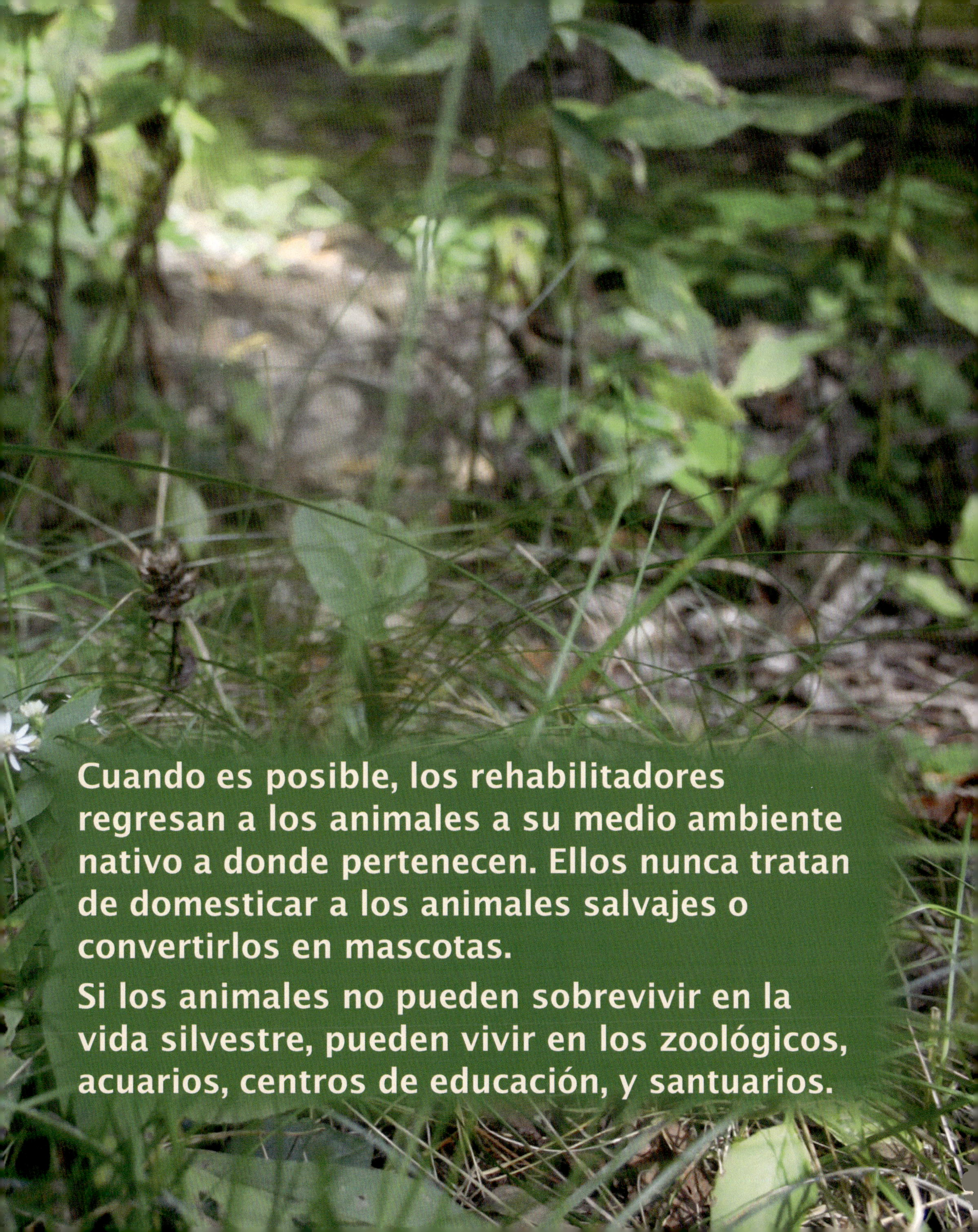

Cuando es posible, los rehabilitadores regresan a los animales a su medio ambiente nativo a donde pertenecen. Ellos nunca tratan de domesticar a los animales salvajes o convertirlos en mascotas.

Si los animales no pueden sobrevivir en la vida silvestre, pueden vivir en los zoológicos, acuarios, centros de educación, y santuarios.

Para las mentes creativas

La sección educativa "Para las mentes creativas" puede ser fotocopiada o impresa de nuestra página del Web por el propietario de este libro para usos educacionales o no comerciales. "Actividades educativas" extra curriculares, pruebas interactivas, e información adicional están disponibles en línea. Visite www.ArbordalePublishing.com y haga clic en la portada del libro y encontrará todos los materiales adicionales.

Compara y Contrasta: Rehabilitadores y Veterinarios

Tanto los rehabilitadores como los veterinarios cuidan de los animales.

Los veterinarios son doctores que pueden especializarse en otros animales además de las mascotas, como los animales salvajes, las aves, los reptiles, los animales de la granja, y también los animales del zoológico.

Los rehabilitadores cuidan a los animales salvajes que están lastimados, enfermos o huérfanos con el propósito de liberarlos de nuevo a su vida silvestre en cuanto sea posible.

Los rehabilitadores no son doctores. Ellos aprenden a atender a los animales que están enfermos o heridos trabajando con los veterinarios y rehabilitadores expertos. Ellos también estudian biología animal y medicina. Deben estudiar y aprobar exámenes; y deben obtener permisos especiales.

Si observas las siguientes fotos, ¿puedes saber cuáles personas son rehabilitadores y cuáles son veterinarios?

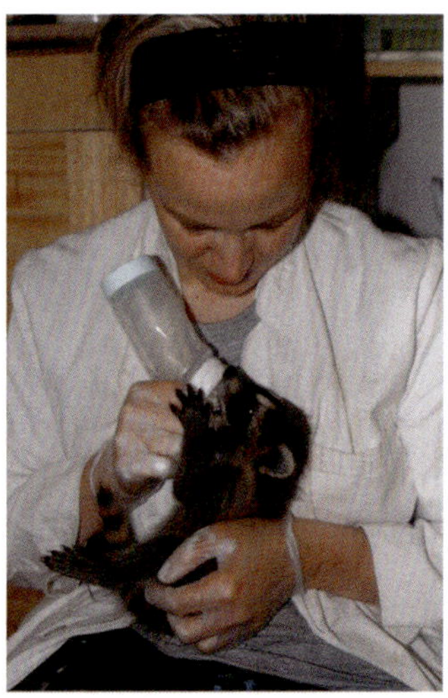

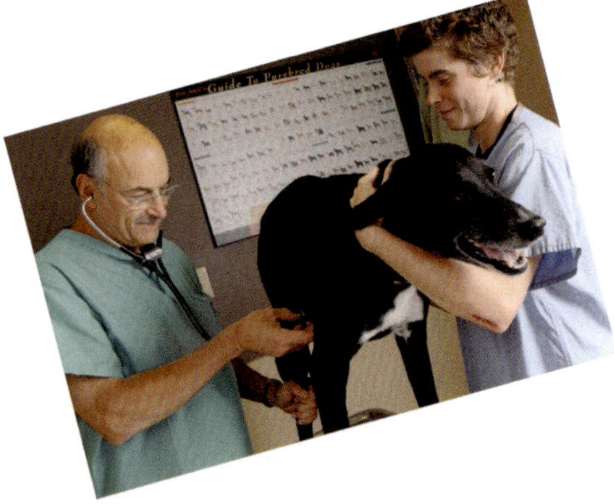

¿Es un animal huérfano o únicamente lo dejaron solo?

Los padres de los animales crían a sus bebés de diferentes maneras. La mayoría de los reptiles nunca conocen a sus padres y sobreviven por instinto desde el minuto en que salen del cascarón. La mayoría de las aves y los mamíferos, sin embargo, crían a sus bebés por unas semanas hasta un año. Los padres de los humanos pueden contratar niñeras para que cuiden a sus bebés si es que necesitan irse; pero los padres de los animales no tienen niñeras. Los animales salvajes dejan solas a sus crías cuando buscan comida. Algunas veces, las crías de los animales se encuentran solas y los humanos se las llevan de sus nidos u hogares porque los humanos piensan que el animal es huérfano; pero generalmente, la madre regresará pronto. Lee los escenarios a continuación para determinar si piensas que el animal ha sido abandonado o si el padre regresará después de haber encontrado comida. Las respuestas, y una explicación de lo que tú debes hacer por el animal, se encuentran al final de esta página. Si tienes alguna duda, por favor trata de encontrar a un ayudante de animales que se encuentre cerca de tu área.

1. Encuentras en tu patio una madriguera con conejitos. Los bebés están acurrucados sobre el pelaje que la madre ha utilizado para hacer la madriguera. Tú no ves a la mamá coneja por ningún lado.

2. Ves a un cervatillo escondido en el pasto que ha crecido alto cerca de la parte posterior de tu patio. La mamá venada no está alrededor.

3. Encuentras un bebé ardilla con un pelaje delgado y sus ojos que están cerrados. Tú ves que el nido está cerca y oyes a la mamá chillar.

4. Ves un polluelo completamente emplumado posado silenciosamente sobre el suelo.

5. Cerca de un transitado camino, ves a un animal bebé sentado junto a su mamá que parece estar muerta.

Respuestas: 1. Probablemente, no son huérfanos, mantén alejadas a las mascotas. Las mamás conejo alimentan a sus crías por la mañana y por la noche. 2. Probablemente, están esperando a la madre. Déjalo ahí para que la cierva regrese, lo alimente y se lo lleve. 3. Probablemente, se cayó, mantén alejadas a las mascotas y observa si la madre lo pone de regreso en el nido. 4. Probablemente, los padres están observando. Párate detrás de un árbol o de tu casa y obsérvalo silenciosamente. Si los padres están cerca, verás que cuidan del polluelo. Déjalo en paz y mantén alejadas a las mascotas. Si el polluelo es una cría recién nacida y se ha caído del nido, podrás regresarlo a su nido si no está lastimado. Entonces, observa a los padres. 5. Es huérfano. Llama a una persona adulta para que recojan al bebé. Colócalo en una caja y después comunícate con un rehabilitador.

Un animal lastimado—Verdadero o Falso

¿Son estas afirmaciones verdaderas o falsas?

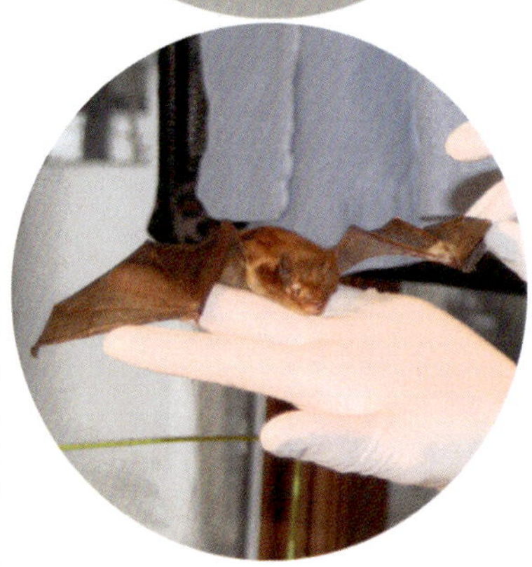

1. Si levantas del suelo a un ave y la pones de regreso en el nido, los padres la rechazarán.
2. La mayoría de las aves (los padres) buscarán a sus crías perdidas hasta por cuatro días.
3. Es ilegal quedarse con la mayoría de los animales salvajes como mascotas.
4. Generalmente, los animales salvajes les tienen miedo a los humanos y nos ven como una fuente de peligro y como depredadores. Los animales se estresan si nosotros nos los llevamos.
5. Los depredadores son atraídos hacia cualquier cosa que se mueve de manera diferente o que hace ruido. Los animales salvajes sufrirán en silencio para evitar atraer a los depredadores.
6. Cualquier veterinario puede cuidar a un animal salvaje que está lastimado.
7. Una tortuga adulta cruzando un camino durante la primavera probablemente está tratando de encontrar un lugar para excavar un nido y poner sus huevos.
8. Las tortugas pueden permanecer en una misma área de 5 millas durante toda su vida. Si cambias a una tortuga de lugar, siempre regresará a su hogar.
9. Para un animal saludable, la mejor posibilidad de sobrevivir es quedarse con su familia en su hábitat natural.
10. Los animales salvajes pueden transmitir enfermedades a los humanos y a las mascotas.
11. No debes tratar de alimentar a un animal salvaje o darle de beber.
12. Si un animal está sangrando, está malherido.
13. A menudo, los polluelos se caen del nido cuando están aprendiendo a volar. Los padres seguirán cuidándolos aunque estén en el suelo.

Respuestas: 1) Falso, los padres cuidarán de sus crías si las regresan al nido o a su área. 2) Verdadero 3) Verdadero, los rehabilitadores de los animales salvajes necesitan permisos especiales para cuidar a la mayoría de los animales. 4) Verdadero 5) Verdadero 6) Falso, aún cuando los veterinarios saben mucho acerca de los animales, los rehabilitadores de los animales salvajes tienen los permisos y un entrenamiento especializado para cuidarlos. 7) Verdadero 8) Verdadero 9) Verdadero 10) Verdadero 11) Verdadero 12) Verdadero 13) Verdadero. Si no estás seguro que los padres están cerca y estás preocupado, coloca al ave en un arbusto cercano o sobre una rama de un árbol y observa dentro de tu casa por unas horas. Si la madre te ve cerca del nido, ella no regresará. Mantén a las mascotas alejadas del área.

14. Si un polluelo con pocas plumas (todavía criándose) está alerta y abriendo su pico para recibir comida, lo puedes regresar a su nido. Si no abre su pico para comer o parece estar lastimado, necesita ayuda.

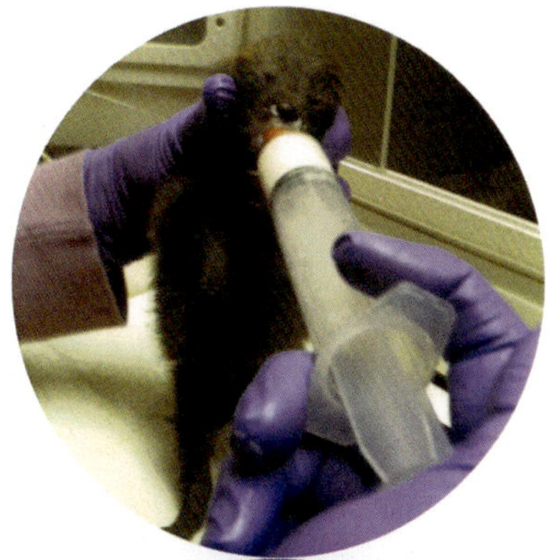

15. Los bebés de las aves de menos de cinco días de nacidos no tienen plumas todavía (son crías). Si se han caído de un nido, comunícate con un rehabilitador de inmediato.

16. Los bebés mapaches, zorrillos, y zorros exploran el mundo a su alrededor teniendo a las madres cerca—aunque tú no las veas.

17. Un conejo jóven se encuentra solo y desamparado, si su pelaje está esponjado, las orejas están paradas, y está del tamaño de una pelota de tenis. A menos que veas sangre o que esté lastimado, debes dejarlo en paz.

18. Los bebés de las marmotas pueden salirse de sus madrigueras cuando llueve demasiado.

19. Las zarigüeyas se encuentran solas cuando están del tamaño de un gatito (sin incluir la cola). Si encuentras una que esté más pequeña y desamparada, probablemente necesita ayuda.

20. Generalmente, a los bebés de los murciélagos (llamados crías) se les encuentra en el verano, cuando se caen de los árboles. Se parecen a los adultos pero no vuelan muy bien. Los murciélagos jóvenes que se han caído probablemente necesitan ayuda. Si tú encuentras murciélagos en tu casa, comunícate con un rehabilitador para pedirle ayuda. Nunca levantes o recojas a los murciélagos de ningún tamaño, sin protección en tus manos.

21. Incluso los osos jóvenes, los gatos monteses, y los leónes de montaña pueden ser muy peligrosos. Avísa a la comisión de caza local si ves a estos animales, pero no intentes resolver la situación tu solo.

22. Los padres de las aves pueden levantar con el pico a sus crías.

23. Las crías de las aves beben leche.

24. Un ave que salta alrededor de una rama no puede volar.

25. Si necesitas llevar a un animal con un rehabilitador de los animales salvajes, llámalo para que te indique cómo levantarlo, protegerlo, y transportarlo con la ayuda de un adulto.

14) Verdadero 15) Verdadero 16) Verdadero 17) Verdadero 18) Verdadero 19) Verdadero 20) Verdadero 21) Verdadero 22) Falso, a diferencia de los mamíferos, las aves no pueden levantar o cargar a sus crías. 23) Falso, los mamíferos son los únicos animales que beben leche. 24) Falso, antes que las aves aprendan a volar, éstas se balancean parándose y saltando sobre las ramas. 25) Verdadero

Tan inofensivos o tiernos como los animales salvajes pueden parecer, no son animales domésticos (mascotas). Para obtener el mejor cuidado para los animales heridos o huérfanos, llama a un rehabilitador de los animales salvajes para obtener consejos. Para encontrar un ayudante de animales más cercano, visita NWRAwildlife.org ó wildliferehabber.org; pide una referencia al veterinario local; o incluso, llama al Departamento de Recursos Naturales, Departamento de Fauna Silvestre (animales salvajes) o de Pesca o en las oficinas de la Comisión de Caza.

Con agradecimiento a los siguientes rehabilitadores de los animales salvajes y los fotógrafos por compartir su amor hacia los animales con nosotros:

Kathy Woods y Hugh Simmons: Phoenix Wildife Center, Maryland; www.phoenixwildlife.org

Kim Johnson: Drift Inn Wildlife Sanctuary, Texas; www.thedriftinn.org

Victoria Campbell: Wild Things Sanctuary, New York; www.wildthingssanctuary.org

Miriam Moyer y Mary Birney: White Flicker Wild Bird Rehabilitation Clinic, Pennsylvania; www.whiteflicker.org

Randy Loftus, US Fish y Wildlife Service, Maryland

Al American Veterinary Medical Association (AVMA) por permitirnos utilizar las fotos de los veterinarios.

Título original: Animal Helpers: Wildlife Rehabilitators
Traducido por Rosalyna Toth.

portada suave en Español ISBN: 978-1-62855-422-9
portada dura en Inglés ISBN: 978-1-60718-671-7
portada suave en Inglés ISBN: 978-1-60718-672-4
eBook en Inglés ISBN: 978-1-60718-673-1
eBook en Español ISBN: 978-1-60718-674-8

También disponible en cambio de hoja y lectura automática, página en 3era. dimensión, y selección de textos en Inglés y Español y libros de audio eBooks ISBN: 978-1-60718-675-5

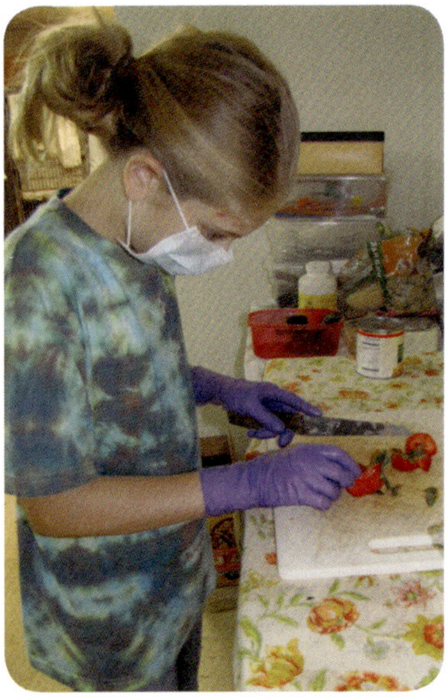

Elaborado en los EE.UU. Este producto se ajusta al CPSIA 2008

Arbordale Publishing
Mt. Pleasant, SC 29464
anteriormente Sylvan Dell Publishing
www.ArbordalePublishing.com